ALLOCUTION

PRONONCÉE

AU MARIAGE DE M. ALBERT DE CHAMBEAUDRIE

ET DE

MADEMOISELLE ÉMILIE LE TAILLANDIER

EN L'ÉGLISE SAINT-OUEN

DE ROUEN

Par M. l'Abbé DELALONDE

Vicaire général honoraire

LE 7 DÉCEMBRE 1886

ROUEN

IMPRIMERIE DE ESPÉRANCE CAGNIARD

rue Jeanne-Darc, 88

—

1888

u moment où vous allez accomplir l'acte solennel qui doit influer sur toute votre vie, et même sur votre éternité, le prêtre a la mission de vous parler au nom de l'Église, l'ami a le devoir de répondre à votre attente ; car, en émettant un désir, gracieusement exaucé par le digne curé qui m'assiste, vous avez voulu non seulement m'avoir comme le témoin de vos mutuels engagements, mais encore entendre de moi quelques paroles conformes à cette grave cérémonie.

Or, en vous considérant, en vous voyant entourés de ce que vous avez de plus cher, ou par le sang, ou par l'amitié, je me sens porté à redire un mot du

Psalmiste qui, nous l'espérons, va recevoir en vous une nouvelle application : « La race des justes sera bénie : *Generatio rectorum benedicetur.* »

Les familles chrétiennes ont souvent, dès ici-bas, une bénédiction que le monde lui-même constate et admire, sans en connaître la véritable cause; elles ont la durée dans la dignité et dans l'honneur. Tout ce qui a des racines dans le passé a plus de chances de se perpétuer dans l'avenir : il en est ainsi des familles qui, pendant plusieurs générations, ont su conserver intactes une situation honorable, une dignité incontestée. Elles ne jettent point l'éphémère éclat de ces fortunes nées d'hier, et qui disparaîtront demain ; mais elles se maintiennent dans leur intégrité solide et respectée : elles ont gardé leur rang, exemptes de folles ambitions, comme de lamentables déchéances, et c'est ainsi qu'elles transmettent à leurs descendants des traditions qui doivent s'accroître avec chaque génération nouvelle. A quoi attribuerons-nous cette suite continue et pondérée de faveurs terrestres ? Un simple coup d'œil nous apprendra que, dans ces familles, la foi a laissé sa profonde empreinte; il y a eu la forte pratique des devoirs religieux, la dignité sévère des mœurs chrétiennes, le dévoûment généreux aux œuvres charitables; et voilà pourquoi les bénédictions d'en haut tombent sur ces races de justes : *Generatio rectorum benedicetur*.

Est-ce un idéal abstrait ou un tableau étranger que je viens de retracer devant vous, Mademoiselle? N'est-ce pas plutôt une histoire domestique dont nous avons sous nos yeux des pages vivantes? Et, lorsqu'en vous parlant, je rappelle les noms des Du Vergier de Hauranne, des Baudry, des Le Taillandier, lorsque j'évoque par la pensée plusieurs de ces figures connues et regrettées, dont une surtout laisse un vide récent, qu'est-ce que je fais, Mademoiselle, sinon de montrer personnifiées, dans tous vos souvenirs de famille, les nobles traditions que je résumais tout à l'heure, car, pour ne point blesser la modestie de ceux qui m'écoutent, j'aime mieux louer le passé plutôt que le présent. Mais il m'est bien permis de dire que cette lignée séculaire, dont vous êtes un des rejetons, a vu se vérifier sur elle la promesse du Roi-Prophète : « La génération des justes sera bénie : *Generatio rectorum benedicetur* ».

Or, si toute noblesse oblige, toute noblesse est aussi une force et une espérance. Voilà pourquoi, Mademoiselle, malgré les émotions que ce jour éveille dans un cœur virginal, malgré le deuil que, pour un instant, l'orpheline a échangé contre la blanche parure de fiancée, toute la sollicitude affectueuse dont on vous entoure s'allie à une douce confiance. Votre époux, lui aussi, est sorti d'une de ces familles patriarcales dont s'honore la Touraine, et nous savons, par un exemple bien connu et peu éloigné, que la Normandie n'a point eu à se plaindre des emprunts qu'elle a faits à cette province. Celui dont vous allez porter le nom n'a pas cru déroger, en demandant à un travail intelligent et persévérant la place qu'il s'est faite dans l'industrie ; vous avez pu apprécier sa droiture, sa délicatesse, sa bonté calme et affectueuse ; vous n'avez point oublié la preuve qu'il vous donnait naguère du sentiment chrétien avec lequel il voulait entrer dans le mariage. Tout cela nous paraît autant de gages rassurants pour tous, et nous nous plaisons à penser que, en se greffant sur l'arbre des de Chambeaudrie, comme elle l'a fait sur celui des de Beaurepaire, votre famille ne cessera point de s'entendre dire : « La race des justes sera bénie : *Generatio rectorum benedicetur* ».

C'est donc, Monsieur, avec une pleine confiance que nous remettons en vos mains cette vierge chrétienne entourée de tels souvenirs, cette enfant qui fut le dernier fruit d'un pieux amour, qui est devenue l'ange consolateur du veuvage paternel, et que Dieu vous réservait, nous le croyons, pour vous récompenser l'un et l'autre. Nous vous demandons d'entourer d'un amour respectueux et fidèle, tendre et délicat, celle en qui rien n'a altéré la sève de pure et vive affection dont son cœur est rempli. Non seulement vous serez pour elle un époux, mais vous lui tiendrez

8

lieu du père qu'elle n'a plus! Oui, nous vous le demandons au nom de l'oncle vénéré qui l'a conduite au pied de l'autel, au nom de son frère et de ses sœurs qui, pour se consoler, comme la famille de Rebecca, d'une séparation nécessaire, lui diront aussi avec un doux espoir : « Vous êtes toujours notre sœur, croissez en prospérité et en bénédictions : *soror nostra es, crescas in mille millia* ».

Toutefois, ne l'oubliez pas, chers époux (car nous ne pouvons terminer, sans que le prêtre reprenne la place que l'ami a peut-être trop longtemps occupée), ne l'oubliez pas : « Nous sommes les enfants des saints ». C'est une grande parole, tirée du livre de Tobie, de ce livre qui nous offre le plus instructif et le plus délicieux tableau du rôle que la religion doit remplir dans le mariage et dans la famille ; à combien plus forte raison cette parole ne s'applique-t-elle pas à des époux chrétiens et sortis de souche si chrétienne ! Oui, « vous êtes les enfants des saints », les voix du monde, les voix du cloître, les voix du ciel d'où l'on vous bénit ; tout nous le répète avec l'accent de la foi et de l'amour. L'Église à son tour vous l'enseigne, en vous montrant le sublime modèle vers lequel vous devez tendre, car, en vérité, vous allez coopérer tout à l'heure à « *un sacrement grand dans le Christ et l'Église* », dont vous signifierez l'union essentiellement sainte et féconde. Ah ! chers époux, oubliez pour un instant des convenances et des attraits légitimes sans doute, mais qui ne sont que de la terre ; ne pensez plus qu'à l'acte sacramentel que vous allez accomplir, qu'aux obligations surnaturelles qu'il va vous imposer, qu'aux grâces abondantes qu'il va vous conférer. Vous êtes trop aimés et trop dignes de l'être, pour que nous ne vous souhaitions pas avant tout d'être parfaitement chrétiens. La religion, qui consacre votre entrée dans la vie conjugale, doit être la gardienne de votre chaste amour, de votre foyer paisible et béni, la consolatrice de vos peines, le gage de vos solides espérances.

Recueillez-vous donc en ce moment : que toute cette assistance, honorable, sympathique et pieuse, s'unisse à nous, afin que le sacrement trouvant vos cœurs bien préparés, y opère ses effets mystérieux de la façon la plus durable, et que par là vous obteniez, soit ici-bas, soit surtout dans l'autre vie, les bénédictions réservées à la race des justes : *Generatio rectorum benedicetur. Amen.*

Rouen, 7 décembre 1886.

www.ingramcontent.com/pod-product-compliance
Lightning Source LLC
LaVergne TN
LVHW011930170726

843501LV00011BA/4325